es 1105

edition suhrkamp

Neue Folge Band 105

Im November 1979 las Hans Wollschläger vor einem Auditorium der Universität Mainz aus dem von ihm übertragenen Joyceschen *Ulysses*. Als Einleitung zu dieser Lesung erläuterte er die Gründe für die Neu-Übersetzung, beschrieb seine Arbeitsweise und führte die entstandenen und zu überwindenden Schwierigkeiten an. Bevor er Ausschnitte aus der Episode »Rinder des Sonnengottes« vorlas, gab er eine kurze Interpretation dieses Teils des *Ulysses*. Der vorliegende Band enthält – neben dem Text von Hans Wollschlägers Einführung und den vorgetragenen Teilen des *Ulysses* – als Kassette den Mitschnitt dieser Veranstaltung.

Hans Wollschläger
liest ›Ulysses‹

Suhrkamp

edition suhrkamp 1105
Neue Folge Band 105
Erste Auflage 1982

Satz: LibroSatz, Kriftel.
Druck: Nomos Verlagsgesellschaft, Baden-Baden.
Umschlagentwurf: Willy Fleckhaus.
Printed in Germany.

Hans Wollschläger liest ›Ulysses‹

Einführung

Als das *Buch des Jahrhunderts,* sein bisher größtes jedenfalls, ja als eins der größten aller europäischen Literatur überhaupt ist der ULYSSES von James Joyce in Ruf gekommen – in *Ver*ruf freilich zugleich. Denn er sei, so heißt es, zugleich auch ihr schwierigstes, übertroffen höchstens vom Spätwerk FINNEGANS WAKE: ein undurchdringlicher Sprachdschungel, ein Formenraum voll ohrenbetäubenden Schalls, ein Weltporträt, vor dem sich dem Betrachter als erstes der alte Stoßseufzer ob der Länge der Kunst und der Kürze des Lebens einstelle. Das alles mag etwas von der Schwierigkeit mit erklären, die der breiten Aufnahme immer noch – über fünfzig Jahre nach der Entstehung – entgegensteht: was soviel Anforderung stellt, soviel Anspruch vorausschickt, wird unschwer zum Schrecknis, und der Beigeschmack des »Elitären«, den die Leserbequemlichkeit allem zufügt, was ihr Opfer abverlangt, vertieft die Trennung noch. Hinzu kommt die drohend riesige Wolke der Sekundärliteratur, in der das Gruselbild der Goethe-Philologie ebenso wiederkehrt wie deren Effekt; hinzu kommt schließlich, für deutsche Leser entscheidend, die Unzulänglichkeit der bisher kursierenden Übersetzung, die die gerühmten Wunder des Werks kaum wiederfinden läßt und von Arno Schmidt geradezu als *Satire auf das grandiose Original* bezeichnet worden ist. Nun ist, ebenfalls fast schon fünfzig Jahre nach der ersten, eine neue Übersetzung erschienen, und die erste Frage, die an sie zu richten wäre, muß diese sein: ist sie geeignet, den Zugang zum Schwierigsten Buch zu erleichtern – ist es ihr gelungen, seine Schwierigkeit, die ja eben seine Größe ist, greif- und begreifbar, seine Größe, die seine Schwierigkeit ist, voll rezeptabel zu machen? Vermag sie, alles in allem, die *Wirkung* des Originals zu vermitteln, jene höchste ästhetische Lust, die ihm nachgerühmt wird, die aus einer unendlich komplizierten Verschränkung gerade der sprachlichen Mittel entsteht und die sich aus dem, wahrhaft philosophisch tiefen, Wunder entbindet, daß das ernsteste Welt-Buch der neueren Literaturen am Ende zugleich ihr welterschütternd-witzigstes ist? Der Übersetzer, der das Ergebnis von vier Jahren Schwerarbeit in den Druck läßt, gibt schon damit zu verstehen, daß er's nicht eben für mißlungen hält. Er hat – darin ein durchaus objektiver Beurteiler seiner selbst – die bisherige deutsche Gestalt des Werks ganz entscheidend verbessern können; er wird sie freilich – objektiver Beurteiler seiner selbst – auch weiterhin verbesserungsfähig finden und sie weiter verbessern. Denn eine solche Arbeit ist fertig, »vollendet« eigentlich nie; man nimmt sie, wie jedes originale Buch höheren Anspruchs, nur eines Tages aus dem Werdens-Prozeß heraus, um sie anderen Augen als den nur eigenen vorzulegen und auch anderen Einflüssen auszusetzen als den nur eigenen; danach und dahinter geht sie weiter, einer »Vollendung« entgegen, die gänzlich im Imaginären liegt und buchstäblich maßlos ist, die erstrebt wird, aber nie erlebt – (und auch Joyce selbst hat nach der Veröffentlichung den ULYSSES weiter »offen« gehalten – für Korrekturen und Einfügungen, die in der deutschen Ausgabe jetzt berücksichtigt werden konnten). Aber gerade weil der Übersetzer seine Arbeit als Station eines Wachstums-Prozesses begreift, wird er es sich verbieten, die seines Vorgängers zu schmähen. Georg Goyerts Text ist vielfältig mangelhaft, und nicht nur dort, wo er konkrete Worte einfach falsch wiedergibt; er ist aber durchaus auch ein Zeugnis von großem Fleiß und großer Sorgfalt, und um die Situation, in der er zu Papier kommen mußte, als erster Anfang, kann der heutige Übersetzer den Joyce-Anfänger Goyert gewiß nicht beneiden.

Beneiden könnte er ihn höchstens um das eine wichtige Hilfsmittel, das er ihm damals voraus hatte: die Möglichkeit, sich mit dem Autor selbst zu beraten. Er hätte von dieser Möglichkeit fraglos mehr Gebrauch gemacht, als Goyert es ersichtlich tat, wobei er freilich einer »autoritären« Beaufsichtigung seines Textes nicht zugestimmt hätte und offen lassen muß, ob es ihm gegeben gewesen wäre, sich mit Joyce zu vertragen: – denn das »autos epha« ist ja doch die letzte Instanz beim Übersetzen nicht; die subtilsten Nuancen des »Tons« lassen sich nur in der eigenen Sprache voll ausfühlen und kontrollieren, und der Übersetzer braucht da eine Entscheidungsfreiheit, die der Autor nur zum eigenen Nachteil schmälern würde. Die Übersetzung von 1927 präsentierte sich ausdrücklich als von Joyce autorisiert, und eben auf diese Autorisation berief sich Goyert 30 Jahre später, als er sich gegen Arno Schmidts scharfe Kritik zur Wehr setzte – recht unglücklich zur Wehr setzte insofern, als das Argument, der Autor selbst habe die gerügten Fehler schön gefunden, ja sehr zweischneidig war. Da die Fehler eindeutig Fehler waren und überdies zahlreich, konnte es nur heißen, daß es entweder der Zusammenarbeit an Gründlichkeit oder Joyce an Deutschkenntnis gemangelt hatte. Beides traf zu, und zum Beweis des zweiten Faktums, das die Anhänger gern bestreiten, braucht man nur die Übersetzungsvorschläge zu lesen, die Joyce dem anfragenden Goyert zukommen ließ: – zu dem Satz *But it is well sad, that, my faith, yes* etwa vermerkte er: *Translate word for word? (Aber 's 'ist wohl traurig, dass, meine Glaube, ja)* – was einen Kommentar erübrigt. Wer noch mehr wissen wollte, könnte die deutsch geschriebene Postkarte von 1920 betrachten, die der Verleger Kurt Wolff in seinen »Erinnerungen« faksimiliert wiedergegeben hat: so viele Syntaxfehler auf einem einzigen Scheibchen Papier unterzubringen, ist schon wieder ein Kunststück. Nein, der Autorisation der Ausgabe von 1927 kommt keinerlei Gewicht zu, das nicht durch Gegenqualität aufzuwiegen wäre. Georg Goyert war im Entscheidenden auf sich selbst angewiesen, und er hat, was ja aller Ehren wert ist, seine Möglichkeiten voll ausgeschöpft. Aber diese Möglichkeiten, sein Wortschatz, sein ganzes Sprach- und Stilvermögen, seine historischen Literaturkenntnisse auch, blieben am Ende doch so weit unterhalb des Originals, daß er an der Aufgabe scheitern mußte.

Die Frage nach dem Warum einer Neu-Übersetzung ist also leicht beantwortet: sie hatte die Pflicht und die Chance, erheblich besser zu sein. Hinzu kommen weitere, sehr allgemeine Gründe, die auch Goyert selbst, wenn er noch lebte, akzeptieren würde. Es soll hier nicht untersucht werden, ob das Diktum zu Recht besteht, daß sich jede Zeit von den Werken, die durch die Zeiten hin dauern, ihre eigene Übersetzung schaffe; die Werte sind relativ und nicht nur die Geschmäcker der Epochen verschieden; es mag immerhin, wenn auch bedenklicher- und betrüblicherweise, so sein. Unstrittig aber ist, daß ganz selten einer *Erst*übersetzung das volle Gelingen beschieden war: – Shakespeare wäre da ein gutes Beispiel, den es durchaus auch vor der großen Schlegel-Tieck-Ausgabe schon deutsch gab (und auch seither immer wieder neu deutsch gegeben hat). Das liegt einfach daran, daß den großen Kunstwerken das Verständnis nur langsam nachkommt; der Abstand, um den sie ihrer Zeit voraus sind, beträgt meist – man könnte da fast eine Gesetzmäßigkeit dingfest machen – ein halbes Jahrhundert. Ist das verstrichen, so liegen in der Regel die ersten Grundeinsichten vor – und mit ihnen die ersten Untersuchungen zur Philologie und Interpretation: keine Frage, daß eine Übersetzung, die *mit* ihnen arbeiten kann, im Vorteil ist. Beim ULYSSES ist die Sekundärliteratur mittlerweile zu einer wahren Sintflut angewachsen, und sie zu durchqueren möchte der Übersetzer heute schon fast zu den Schwierigkeiten rechnen, von denen er berichten soll. Denn es handelt sich dabei zumeist um reichlich trübe Gewässer, und was sie so alles mitführen, ist in den seltensten Fällen aufhebenswert: – das freilich weiß man erst, wenn man die Mühe der Kenntnisnahme hinter sich gebracht hat. Aber eine Einsicht immerhin hat die Sekundärliteratur seit Goyerts Zeit vermittelt und untermauert: daß es sich beim ULYSSES in erster Linie eben gar nicht um einen Handlungs-Roman handelt, der in raffinierten Travestien den Stoff der Homerischen Odyssee in den Dubliner Alltag verlegt – (diese Parallelführung ist unter seinen Formkünsten fast die geringste und auch gar nicht so sehr ernst zu nehmen: sie dient dem Autor vielmehr als Mittel der ironischen Brechung bis hin zur Persiflage, und kopfschüttelnd nur sieht man die Sekundärliteraten über manchen Stellen in feierliche Tiefsinnigkeit verfallen, wo einfach nur gelacht werden soll). Sondern daß die Irrfahrten des Odysseus Bloom sich in der Sprache abspielen, und zwar nicht nur »auch«, sondern einzig und allein: daß ULYSSES eine

Sprachstruktur mit völlig autonomer Dynamik ist, wie es sie so unbedingt und absolut nie vorher gegeben hat: ein »Roman«, dessen Held die Sprache ist, dessen Stoff die Sprache ist und in dessen Handlung das Eigenleben der Sprache selbst beschrieben wird. Dieses durchaus Unerhörte war Goyert zu seiner Zeit nicht sichtbar; er hat einzig das unerhört Komplizierte erblickt, und seine Übersetzung hat es entkräftet. Diese Entkräftung stellt den eigentlich zentralen Grund für die Neu-Übertragung dar: sie hatte, jenseits aller Fehlerreparaturen, das Unerhörte des Werks im Deutschen erst überhaupt sichtbar zu machen.

Wo nicht mehr die Sprache Medium des handelnden Stoffes ist, sondern umgekehrt der Stoff nur Medium der Sprachhandlung, hat auch der Übersetzer mit herkömmlichen Prinzipien zu brechen. Es soll hier keine Theorie des Übersetzens vorgetragen werden (die zuletzt auch nur eine Konfrontation der lange schon bestehenden und sich lange schon bekriegenden Theorien sein könnte); auch bekennt der Übersetzer seine Unlust, dem häufig erhobenen Einwand seiner Kritiker, man merke seinen Übertragungen den fremdsprachlichen Ursprung nicht mehr an, viel mehr entgegenzusetzen als die Feststellung, daß ihm damit das Gelingen seiner vielleicht wichtigsten

Absicht bescheinigt sei. Ein deutsches Buch – ein Kunst-Werk der deutschen Sprache: das sollte auch der übertragene ULYSSES werden –, aber er mußte es unter Verzicht auf alle Freiheiten werden, die sich der Übersetzer im »Normalfall«, das zu erreichen, herausnimmt. Es ist ja kein Geheimnis, daß Übersetzungen oft sehr eigenmächtig sind; es gibt die vollkommene Entsprechung nicht, an die der Laie glaubt, weil es selbst zwischen verwandten Sprachen keine vollkommene Entsprechung von Worten, von grammatischen und syntaktischen Figuren gibt (es berührt das, nebenbei, jenes Geheimnis der Sprache, das der bloße Dolmetscher nie begreifen wird); oft ist das Maß ihrer Eigenmächtigkeit das ihrer Qualität. Erich Frieds Übertragung des MILKWOOD von Dylan Thomas wäre ein Beispiel: sie ist fraglos ungleich großartiger, »besser« als das Original. Auch ist der Fall, daß ein Übersetzer geradezu ein besserer Schriftsteller, ein größerer Sprachkünstler ist als der Autor, dem er dient, gar nicht so selten, wie man meinen könnte, und keineswegs absurd: man könnte ihn sogar als Idealfall postulieren. Fast immer aber führt die Fron, das Original bis in die letzten Silben hinein auf Sinn und Funktion zu prüfen, zu einer kritischen, oft sehr kritischen Haltung gegenüber dem Autor;

man sieht seine sterblichen Stellen, man *muß* sie sehen (und als Fan, der sie nicht sieht, wäre man ein durchaus schlechter, ja schlechthin unbrauchbarer Dolmetscher der großen Literatur, wie denn die knieende Haltung generell nur eine beschränkte Perspektive hat): – wie gern möchte man da nicht manchmal freihändig ändern, Verhakungen lösen, gordisch verknotete Grammatika einfach durchhauen, das bloße Geröll im Fluß der Worte stillschweigend beiseite schaffen, kurz, sich Freiheiten nehmen, die dem Werk selbst zu größerer Freiheit verhelfen und quasi die Formungsarbeit des Autors fortsetzen. Das Bedenkliche einer solchen Verfahrensweise liegt auf der Hand: es beginnt spätestens da, wo die Sprache des Werks über die Grundfunktion des Stofftransports hinauswächst, was sie freilich – bei der Beschaffenheit der Bücher, deren Übersetzung der arbeitgebende Verleger für notwendig hält – in der Regel nicht tut. Der Übersetzer des ULYSSES muß bekennen, daß er auch bei diesem so nur und ganz aus Sprache lebenden Werk manchmal, ja gar nicht selten, den Wunsch hatte, sich die gewohnten Freiheiten zu nehmen, und daß seine Kritikfähigkeit sich bei der Arbeit, die ihm die Wunder des Werks – man wird es glauben – tiefer, genauer aufgehen ließ, als sie dem bloßen Leser aufgehen könnten, zugleich eher schärfte – bis hin zur Bereitschaft, dem Detail so manche negative Zensur zu erteilen. Daß diese Kritik untätig, daß dieser Freiheiten-Wunsch unerfüllt zu bleiben hatte aus grundsätzlicher Erkenntnis – diese Schwierigkeit möchte er, läßt er die sämtlichen Schwierigkeiten noch einmal Revue passieren, zuletzt allen anderen voranstellen. Sie war das eigentliche Grundproblem: die Verpflichtung, die eigene Kreativität, die doch hier gefordert und zur Mitwirkung aufgerufen war wie nie zuvor, zugleich an das »fremde« Werk, das sie forderte, hinzugeben wie nie zuvor: die schöpferische, nie erlahmend tätige Passivität.

Was dem Übersetzer hier aufgegeben war, könnte man am besten wohl einen »Identifizierungsprozeß auf Zeit« nennen: die Notwendigkeit, die psychische Struktur des Autors wie seiner Ich-Bilder im Werk so weit ins eigene Ich hereinzuholen, daß es möglich wurde, auch irrationale und immaterielle Bewegungsmechanismen dieses Werks zu erspüren und zu übertragen. Denn durchaus nicht wenige, subtil verschlüsselte Wort-, Klang- und Sinnfiguren sind nur so zu erspüren und zu übertragen; dem bloß musternden Sprachprüfer bleiben sie dunkel, hier bei uns wie in England und Irland, immergrüne Zankäpfel der Sekundärliteraten. Die Tragweite solcher Identifizierung mag man ermessen, wenn man sich vor Augen hält, daß es sich dabei, im Hereinholen des Anderen, um ein Platzmachen im Eigenen handelt: sie ist so gut wie zwangsläufig mit Ich-Verlust, mit Schrumpfung der Selbst-Substanz verbunden, und das heißt für den Selbst-Schreibenden: mit Gefährdung seiner Originalität. Darüber ließe sich vieles mitteilen (oder genauer: verraten – denn es geht da um sehr geheime Dinge); der Übersetzer beschränkt sich auf das Fazit: daß gerade dieser notwendige Prozeß bei Joyces ihm vielfach sehr konträrer Persönlichkeit eine äußerst schwierige Geschichte war. Und seine Rückbildung nach getaner Arbeit desgleichen: man muß – ein Wort für den Weisen, dem ein Wort genügt – nach und von einer solchen Arbeit am Ende regelrecht wieder »gesund« werden. Die Verschränkung von persönlicher und sachlicher Problematik spiegelt aber zuletzt auch nur wieder den Strukturbefund des Buches selbst, dessen Sprachform Objektivierungsarbeit an einem Stoff ist, der aus dem tiefsten Subjektiven kommt. Der ULYSSES ist – in einem Sinn, der freilich jenseits des einfach Autobiographischen liegt – persönlichste Geschichte seines Urhebers Joyce. Gerade wo die Erzähler-Position fast völlig aufgelöst ist, wo sie wechselnd von den handelnden Personen besetzt wird oder in überhistorischer Perspektive aufgeht, ordnet sich alles nach dem Bild eines Ich, das noch die letzten Zufälle verfügt. Nicht Realität, wie sie der Anspruch des Objektiven mißt, wird abgebildet, sondern *erinnerte* Realität: Gedächtnis preßt auf 1000 Seiten »seine« Zeit zusammen und bewahrt unvergänglich das alternde, alte, vergehende Leben. Alles Material ist so durch persönliche Erfahrung gegangen, in Motivik und Form. Das Bürger-Personale der Stadt ersteht aus Bekanntenkreisen, von unbestechlichen Zu- und Abneigungen sortiert; die Topographie baut Selbst-Geschautes zu Schauplätzen auf; und auch die Sprache schließlich hält – subjektiv noch in ihren objektivsten Anordnungen – Sprach-*Erlebnis* fest: von dem, was bloß ans Ohr schlug einmal, in früher Zeit, bis hin zur höchsten Literaturerfahrung; dazwischen hat alles Platz, lallende Kindheit wie juveniler Kitsch; Jargon schallt magisch durchs Widerbild des immer höher erlebten magischen Worts, liturgischen Lateins, Shakespeares, der ganzen englischen Tradition. Der Eigen-Mächtigkeit einer so von nur *einem* Gehör erfahrenen Welt-Sprache kann sich der Übersetzer, der sie nachzubilden hat, nur bedingungslos ergeben, denn nachzubilden hat er nicht nur sie, die Totalsprache der Welt, sondern eben auch das eine Gehör, das sie erfuhr, und eben vor dessen Subjektivität bleibt seine eigene Ästhetik, die vielleicht anders sortieren würde, rechtlos und unbefugt. Sie bleibt es selbst da noch, wo sie Gründe hat, an einen Irrtum zu glauben, einen Hörfehler vielleicht – wie etwa bei jenem sonderbaren *curate,* das bei Joyce einen Kneipenkellner bezeichnet und nur bei ihm so bezeichnet – und das der Übersetzer deutsch auch gegen seine Bedenken mit *Kurat* wiedergeben muß, leidlich beruhigt nur in der Gewißheit, daß der deutsche Leser dabei zwar mit Recht stutzt, aber nicht stärker als der englische. Das Sprachbild vom Menschen, das ULYSSES entwirft, ist wie jener selbst die »Spottgeburt aus Dreck und Feuer«; es verklammert das Unvereinbare, ohne es zu amalgamieren; nie hat es in der Literatur Totalität so schroff als Neben- und Ineinander gegeben. Es gibt darin keine »reine« Sprache; es gibt – im »Weltalltag der Epoche«, wie Hermann Broch das Buch genannt hat – nur deren Alltag, der unrein ist, geschunden und zersplittert, und niedergedrückt von Mühseligkeit und Beladenheit bis hinunter in eine Region, wo er nur noch aus Trümmern besteht, aus Bruchstücken verkarsteten und versandeten Sinns, aus Fragment und

Defekt. Und nirgends ist vom Übersetzer mehr Fähigkeit wie zugleich auch mehr Ohnmacht und Selbst-Verzicht gefordert als da, wo er solche Defekte zu reproduzieren hat: wo vom Autor konstruktiv verfügte Fehler wiederzugeben sind, in Wortwahl und Grammatik – nicht als Unfälle des Buchs, sondern als Unfälle, die das Buch beschreibt. Man wird vielleicht verstehen, daß der Übersetzer da nicht selten gezaudert und geschaudert hat – muß er doch zuletzt, so wie die Literatur-Presse beschaffen ist, mit Kritikern rechnen, die – sofern sie solche negativen Nuancen überhaupt wahrnehmen – ihr Negatives durchaus ungezaudert ihm und seiner Arbeit zulasten schreiben werden: – was er da fürchtet, ist allerdings nicht so sehr eine Verletzung seiner Eitelkeit durch öffentliche Fehlerrüge wie vielmehr eine Verletzung des Buches selbst durch öffentliche, unabsehbar ansteckende Verständnisschwäche. Aber selbst davor das Buch zu bewahren, erlaubt das Buch selbst nicht.

Wo über die Schwierigkeiten einer Überführung der ULYSSES-Sprache ins Deutsche berichtet werden soll, wären vielerlei Grundfragen zu stellen. Etwa die nach der Eignung des Deutschen dafür: – es ist – obwohl die Verwandtschaft zwischen den beiden Sprachen vom Laien gern überschätzt wird – vor allem durch seine syntaktische Flexibilität denkbar gut geeignet. Ein gewisses Dilemma ergibt sich nur aus seiner höheren grammatischen Differenziertheit: wo das Englische ein, im Inneren Monolog sehr adäquates, Schwimmen der Bezüge möglich macht, müssen solche Bezüge deutsch oft eindeutig gemacht werden, und das ist meist eine Vergröberung. Aber das gesellt sich nur den ohnehin schon zahllosen Belegen der Einsicht zu, daß es ein Übersetzen, das *keine* Vergröberung wäre, nicht gibt: »traditore – traduttore« heißt das in Italien: der Übersetzer ist immer ein Fälscher. Das kleine Wortspiel (das nur inhaltlich, nicht formal übersetzbar ist) leitet über zum Problem der Wortspiele bei Joyce: sie sind Legion, und ihre Erläuterung würde ein ganzes Buch füllen. Viele bleiben, unabhängig von Fleiß und Inspiration des Übersetzers, unüberführbar, und mit ihnen geht fraglos eine ästhetische Dimension des Originals verloren; andere lassen sich mit einigem Geschick durch Äquivalente wiedergeben; wieder andere, die mit Namen spielen, müssen so stehen bleiben, wie sie im Original dastehen: wenn etwa *Lord Tennyson* als *Lawn Tennison* erscheint und dem Dichter so mit dem Bild vom schön gepflegten Tennis-Rasen die spöttische Beifarbe des Snobs und des Feld-

Wald-und-Wiesen-Romantikers zugefügt wird, so darf man hoffen, daß der Witz auch dem deutschen Leser nicht entgeht. Problematisch ist hier – und wohl unauflösbar – eine grundsätzliche Differenz zwischen den Sprachen: während solche Wortspiele im Deutschen stets mehr oder minder in Kalauer-Nähe geraten und hochgradig albern wirken, bewahren sie im Englischen einen Funken Esprit, eine Unschuld der Spielfreude, die keine Übersetzung retten kann. Hier beginnen die wahren Strapazen des Nachsinnens, des Abwägens und Probierens für den Übersetzer, und er hat auf so manches arme kleine Wort Stunden gewendet, um am Ende doch nur zu erkennen, daß alle Künste daran zuschanden wurden. Die Worte überhaupt: – vor ihrer Fülle kann man, auch wenn man selber nicht ganz ohne Anspruch ist, bescheiden werden. Auf 30. 000 ist der »aktive« Wortschatz des ULYSSES berechnet worden: das ist das Zehnfache dessen, was ein guter, durchaus nicht durchschnittlicher Roman braucht (und das mindestens Fünfzigfache des täglichen Zeitungsschmockbedarfs). Einer solchen Benennungs-Fähigkeit gewachsen zu sein wird nicht erst schwer da, wo es in die Fach-Sprachen geht, besonders in die charakteristisch-englischen Fachsprachen, für deren Begriffe es deutsche Ent-

sprechungen oft gar nicht gibt: die der Rechtssprechung etwa, der Heraldik oder des Rennsports. Darüber hinaus gehören die Klein-Elemente der ULYSSES-Sprache allen nur denkbaren Seltenheitsstufen an, bis hinauf zu den Hapax-Legomena, den Worten, von denen nur ein einziges Vorkommen in der Literatur nachgewiesen ist. Die Luft im »Oxen«-Kapitel, die *cessile* ist, wäre ein Beispiel: *nachgieblich* müßte man deutsch etwa sagen, und »nachgieblich«-*cessile* war die Luft nur einmal in der englischen Literatur: in einem Gedicht von A. Hume aus dem Jahre 1599. Es gibt keine Alters- oder Niveaustufe der Sprache, die nicht im ULYSSES Stimme erhalten hätte, im Vokabular wie auch im von Kapitel zu Kapitel, manchmal sogar von Abschnitt zu Abschnitt wechselnden Stil, und man muß schon zu extremen Formulierungen greifen, um das zu bezeichnen: die Verwirklichung des Konzepts, im ULYSSES durch Sprache ein *Panaroma* der Menschenexistenz überhaupt zu geben, hat nur noch bei Joyce selber ihresgleichen, im Spätwerk FINNEGANS WAKE.
Hier wäre von der berühmten »Leit-Motivik« zu reden, der strikten Sinnverknüpfung der identischen Begriffe quer durch das ganze Buch: jedes Wort sammelt in sich die Erfahrung seines ersten

Kontexts und gibt sie beim erneuten Auftauchen an den nächsten mit ab. Aber selbst diese kunstvolle Verfahrensweise der Bedeutungsanreicherung, die eine Polyphonie der Sinnbezüge entstehen läßt und noch den breitesten Prosaflächen Feinstruktur verschafft, tritt zurück vor der eigentlichen, höchsten Funktion, die den Worten zugewiesen ist: der Funktion, ihre eigene Geschichte in die Handlung einzubringen. Der Joyce-Forscher Fritz Senn hat die ULYSSES-Sprache als »historisches Museum« bezeichnet und damit diesen Tatbestand umschrieben: die Worte sind nicht nur die Hülsen einer bestimmten Bedeutung, sondern umschließen darin zugleich deren Vergangenheit in der Literaturgeschichte. Anders gesagt: sie sind Zitate ihrer selbst und ermöglichen so, sich mit sich selber zu erläutern, zu erweitern, zu paraphrasieren, aber auch zu parodieren und zu brechen. Man könnte zuletzt, etwas extrem, sagen, daß der gesamte ULYSSES aus Zitaten besteht, von der entlegensten literarischen Allusion bis hinunter zu Phrase und Klischee. Welche Dimension der Form durch den genau kalkulierten Einsatz dieser Qualität der Sprache zuwächst, ist wohl zu ahnen; zu ahnen mag aber auch sein, vor welche Schwierigkeiten der Übersetzer hier gestellt wird. Denn um all die oft nur in Rudimenten anklingenden, oft auch verballhornten und vielfältig entstellten Zitate zu erwittern und zu identifizieren, ist er auf Kenntnisse angewiesen, von denen er nie sicher sein kann, ob sie ihn nicht gerade vor einer entscheidenden Stelle im Stich lassen. Aus nur zwei Quellenkomplexen – der Bibel und Shakespeare – mögen am Schluß einige Beispiele diese schwierigste Dimension der Übertragungsarbeit erläutern:

Gleich am Anfang ist Buck Mulligan *stripped of his garments* – »ausgepellt«, liest man bei Georg Goyert; heißen muß es aber: er *wird seiner Kleider beraubt* – denn es ist der Titel einer der Leidensstationen Christi. Und wenn er, gleich darauf, beim Hinausgehen sagt: *Going forth he met Butterly,* so *traf er Bütterlich* bei Goyert; aber das *he met Butterly* ist eine Verballhornung des *he wept bitterly* aus der Geschichte der Verleugnung Petri, der hinausging und bitterlich weinte, und so muß es deutsch, ähnlich verballhornt, heißen: *Und er ging hinaus und weinte Buttermilch.* Solche Anspielungen sind noch einfach, im Vergleich mit jenen, die nicht durch besondere Pointierung auf sich aufmerksam machen. Am Schluß des »Oxen«-Kapitels, wo alle Stimmen in kaum noch erkennbarem Kontext durcheinanderwirbeln, erscheint, gerufen, das Satzfragment *Of John Thomas, her spouse,* und bei Goyert, der Joyce hier sogar extra gefragt hatte, müssen wir lesen *Von Piephahn, ihr ehelicher Gemahl* – was fraglos sehr dunkel ist. Nun ist das *her spouse* evoziert von dem ein paar Zeilen vorher stehenden *O lust, our refuge and our strength,* und beides zusammen verweist nach vorn ins »Lotophagen«-Kapitel, wo die Wendungen *O God, our refuge and our strength* und *Joseph her spouse* als Bestandteile eines Gebets zu erkennen sind, das Bloom hört: es handelt sich um ein von Leo XIII. eingeführtes Gebet nach der Stillen Messe. Und darin nun steht *Joseph her spouse* parallel zu dem *Maria his spouse* von Lukas 2, wo Joseph sich aufmacht mit *Maria, seinem vertrauten Weibe;* man hat hier also, um den biblischen Anklang sicherzustellen, von *Joseph, ihrem vertrauten Manne* zu reden, und darin schließlich ist *Joseph* blasphemisch ersetzt durch *John Thomas,* was zwar auch recht heilig klingt (Johannes Thomas), es aber nur bedingt auch ist: denn *John Thomas* ist ein Slang-Ausdruck für das den meisten Lesern bekannte Organ, das bei Goethe *Meister Iste* heißt und denn auch im deutschen Joyce so heißen darf: *Von Meister Iste, ihrem vertrauten Manne.* – Der ULYSSES hat so seine Grillen, und oft schwirren sie aus sehr entlegenen Gegenden herbei. Wenn in den »Sirenen« ein durchaus dunkler Satz aufklingt: *Better give way only half way the way of a man with a maid,* dann wäre es zwar nicht falsch, von der *Art und Weise eines Mannes mit einem Mädchen* zu sprechen, aber es wäre auch wieder nicht so richtig, wie Joyce es verlangt: denn die Schlußwendung des Spruches stammt aus den Sprüchen Salomonis 30, 19 – und so muß das Ganze, mit Luthers Hilfe, heißen: *Lieber doch halbwegs auf halbem Weg weg aus dem Weg eines Mannes an einer Jungfrau.* – Molly hat zwei Hunden zugesehen, *by the wall of the cease to do evil* – also *an der Wand des Hört auf Böses zu tun*?!? Da muß man nun wissen, daß ein Gefängnis so heißt – und daß es so heißt nach Jesaja 1, 16: *an der Mauer des Laßt-ab-vom-Bösen.* – In der »Nausikaa« fällt Bloom ein, daß Kinder doch immer Sachen ins Wasser schmeißen: *Trust? Bread cast on the waters. What's this?* Ja, was ist das? Nicht etwa, korrekt übersetzt, *Brot, aufs Wasser geworfen,* sondern: *Laß dein Brot übers Wasser fahren* – denn was Bloom hier einfällt, ist der Prediger Salomo 11, 1. – Hat Bloom etwas *spotted on the printed pricelist for all who ran to read,* dann sind die Preise *auf eine Tafel gemalt, daß es lesen konnte, wer vorüberlief* – weil das der Prophet Habakuk 2,2 so will. – *Her widow's mite* ist nicht ein einfaches *Witwengeld,* sondern das *Witwenscherflein* von Lukas 21, 2. Und wo eine Wolke *nicht größer denn eines*

Weibes Hand ist, da ist sie's parallel zu 1. Könige 18, 44. – Wenn wir schließlich bei Goyert lesen, *unendlich groß sei die Liebe des Mannes, der sein Weib hergäbe, daß sie schliefe mit seinem Freund,* so hat er nicht nur die blasphemische Travestie von Johannes 15,13, sondern damit auch den Witz der Stelle zerstört, die mitten in einer Parodie des elisabethanischen Prosastils steht: *Niemand hat größere Liebe denn die, daß er sein Weib lässet für seine Freunde . . .*

Man kann sagen, daß die Bibel allgegenwärtig ist im ULYSSES – bis zur Unkenntlichkeit verrunzelt oft und fratzenhaft verstellt, aber doch. Ganz ähnlich Shakespeare – und nicht nur in »Scylla und Charybdis«, wo er direkt das Thema bildet und der Text manchmal wie ein Potpourri aus indirekten Zitaten wirkt, neben den direkten. Das ergibt so manchen guten *groatsworth of wit – Groschenwert Witz,* wie Robert Greene 1592 von dem *greatest shakescene in the country sagte* – dem *größten Szenenerschütterer* (und Arno Schmidt hatte wahrhaftig recht, Goyert zu rüffeln, dem dafür *Kulissenschieber* eingefallen war). Shakespeare *kehrt in immer neuer Reizung wieder – is in infinite variety everywhere,* wie es in ANTONIUS UND CLEOPATRA heißt, und wer darüber den Mund verzöge, wäre ein *sir smile neighbour* und müßte, nach dem WINTERMÄRCHEN, ein *Herr Nachbar Lächler* heißen. Was wie die »Theorie eines Portiers hinsichtlich Doppelsinns« aussieht, nämlich *a porter's theory of equivocation,* muß, da das aus dem MACBETH stammt, *eines Pförtners Theorie über Doppeldeutlerei* heißen. Das alles zeigt *a trick worth two of the other* – nicht etwa einen »Trick, der zwei andere aufwog«, sondern, nach HEINRICH IV., *Pfiffe, die nochmal so gut waren.* Mancher Leser ist vielleicht verdutzt, wenn er einen Bankbuchhalter *im Dreherchen der Zeit* zu Würde gekommen sieht, nämlich *in the whirligig of years:* das heißt so (und nicht etwa »im Strudel der Jahre«), weil es in WAS IHR WOLLT so heißt. Die wörtliche Übersetzung ist da oft *a custom more honoured in the breach than in the observance: ein Gebrauch, wovon der Bruch mehr ehrt als die Befolgung,* wie es im HAMLET heißt. *A seachange this:* »ein Seewechsel dies«?!? – nein, *wie Meereshut wandelt:* DER STURM. Ist der Autor da nicht »auf gefährlichem Weg«, wenn er *in a parlous way* ist? Zumindest mag er – WIE ES EUCH GEFÄLLT – *auf einem verfänglichen Weg* sein. Sicher ist, daß im ULYSSES *Will in overplus* vorhanden ist *Will(iam) im Übermaß,* wie im 135. Sonett, und der Übersetzer könnte wahrhaftig eine Geschichte erzählen, *could a tale unfold* – nur müßte er dann auch

gleich *eine Kunde anheben,* wie es sich bei einem HAMLET-Zitat gehört . . .
Daß die Bibel- und die Shakespeare-Allusionen in der Übersetzung eine adäquat eindeutige Gestalt haben können, ist möglich nur aufgrund der Tatsache, daß beide Quellen einmal durch Übersetzungen ins Deutsche gekommen sind, die im Lauf der Zeit die unveränderliche Prägnanz von Originalen angenommen haben: durch Luther und die Schlegel-Tieck-Ausgabe. Schlimm wird das Problem freilich bei der ganzen übrigen englischen Literatur, die im ULYSSES anklingt; schlimm wird es bei den überhaupt nie übersetzten Spiel-Materialien, den Liedern, Balladen, Schlagern: da galt es, um den Zitat-Charakter durchscheinen zu lassen, oft Tricks anzuwenden, und oft hat es nur zu Notlösungen gereicht. Es gibt kein Übersetzen ohne Vergröberung, weil es keine präzisen Entsprechungen zwischen den Sprachen gibt; es gibt, als Aufgabe, nur jenes *Üb' Ersetzen,* das Karl Kraus definierte. Vieles davon ist bloß Handwerk (und als solches allerdings, wenn es irgendwann einmal »köstlich« gewesen ist, wahrhaftig Mühe und Arbeit gewesen); wo es aufhört, bloß Handwerk zu sein, gibt es keine Normen und Regeln mehr, sondern nur noch Glücks- und Unglücksfälle. Historisches Museum

der Sprache . . .: der Übersetzer muß, wenn er nach langer Besichtigung dieses Museum verläßt, viel Beklommenheit überwinden: hat er alles gesehen? Oder ist sein Blick, wie es in Museen geht, doch müde geworden manchmal – ist ihm Wichtiges entgangen? Er kann nicht sicher sein. Er kann, nach den Schwierigkeiten des ULYSSES gefragt, nur sagen: sie sind noch weitaus schlimmer als ihr Ruf. Er kann sich schließlich, wenn er sich von ihnen abwendet, nur mit einem tiefen Seufzer von ihnen abwenden – und findet auch diesen Seufzer in dem Buch, in dem sich alles findet: in den Worten, mit denen Bloom, selber zitierend, aus dem »Sirenen«-Kapitel flieht:

Ich hab's. Pprrpffrrppfff. Geschafft.

»Ulysses« – Kapitel »Rinder des Sonnengottes«

(S. 537 ff. der Wollschläger-Übertragung des »Ulysses« innerhalb der Frankfurter Ausgabe der Werke von James Joyce.)

Deshil Holles Eamus. Deshil Holles Eamus. Deshil Holles Eamus.
Schick uns, du Heller, du Lichter, Horhorn, Leben und Leibesfrucht. Schick uns, du Heller, du Lichter, Horhorn, Leben und Leibesfrucht. Schick uns, du Heller, du Lichter, Horhorn, Leben und Leibesfrucht.
Hopsa, ein Jungeinjung, hopsa! Hopsa, ein Jungeinjung, hopsa! Hopsa, ein Jungeinjung, hopsa!
Auf der ganzen welt wird desjenigen menschen scharfsinn bezüglich aller von mit weisheit begabten sterblichen für höchst nützlich zu studieren gehaltenen gegenstände als sehr wenig durchdringend erachtet welcher dessen unwissend ist was die in der wissenschaft gelehrtesten und gewiß um dieser hohen geisteszierde willen der verehrung würdigen Männer beständig versichern wenn sie unter allgemeiner zustimmung behaupten daß bei gleichheit aller anderen umstände in keinem äuße-

ren glanz die wohlfahrt einer nation sich wirksamer ausspreche als in dem maß in welchem sie sich die sorge um jene fruchtbare vermehrung habe angelegen sein lassen welcher fehlen der anfang aller übel wäre welche jedoch wenn glücklich vorhanden das sichere zeichen für der allvermögenden natur unverderbt wohltätiges wirken bildet. Denn wo wäre der mensch der nur irgend etwas von einiger bedeutung begriffen hätte und wäre zugleich nicht der ansicht daß jener äußere glanz nur die oberfläche einer hinabziehenden schmutzigen wirklichkeit sei oder umgekehrt der so unerleuchtet wäre nicht zu erkennen daß weil keine wohltat der natur in die schranken treten kann gegen die gabe der vermehrung es eines jeden rechtschaffenen bürgers geziemende pflicht sein müsse der warner und mahner von seinesgleichen zu werden und davor zu zittern daß was in der vergangenheit von der nation so hervorragend begonnen worden war in der zukunft vielleicht nicht in ähnlich hervorragender weise vollendet werden könnte wenn unverschämte gewohnheit schrittweise die ehrwürdigen von den vorfahren überkommenen sitten auf einen solchen tiefpunkt geführt haben würde daß derjenige als kühn im äußersten maße bezeichnet werden müßte der die verwegenheit besäße aufzustehen und zu behaupten es könne für keinen menschen einen schlimmeren schimpf geben als den vorwurf sich abzukehren in nachlässiger vergeßlichkeit von jenem evangelischen gebot zugleich und versprechen welches allen sterblichen mit der verheißung reichen wachstums beziehungsweise der drohung der verminderung die verrichtung des unablässigen fortpflanzens ihrer art auf ewig unwiderruflich anbefohlen hat?

Bevor geborn daz kint vrevde erfvr. In muoter schoze wart ez wol verert. Swaz mahte lobzam sin vor dise dinc getan ez wart. Ein ligestat von maneger wevrowen hande sorgen vn heilzam ezzen geruochliche vn windelen rinecliche alz wan die gebvrt iez wær beschehen vnde von vorsiht wisliche volendet: darzv von arzatie niht minner alze genotec waz vnde wvntarzatlich werczuig alz mahte vorderlich sin vor ir stunt vergaez niht diu ansihte von vil schowebiltnissen zv ovgelweide gedaht von manege angeren vn gevilden vf vnsere ert bal swaz alz wart dar getan ir mit sament biltnissen gotlich vnde menschlich daez betraht wært vorderlich vor dere lip swellunc bi vrowen so gesonderet sin von der werlde ader vor daz senftec wirt ir niderkvmft in dis sunnebernde wolgebowete schœne muoter heime wan sie iz offen-

bare vergerwet vnde der nahvolgunge vol vn iz an ir dareine zv ligen alz nu iz ir zit.
Ein man aldo stant der ein farensman waz an des hvs tor da nacht nider nu kam. Von Jisraels volc dise man waz vn hæt gewandelet vil vnde gefaren vf erden. Rein mitebarmen waz aleine mit den menschen swaz ihn gebraht an dis hvs.
Dis hvses herre genant wirt A. Horne. Sibenzec bettestat helt er bereit fvr tragerinne vmbe daz ligen aldort zv leide vnde gebern kinder gesvndec vn vrisch alz GOts engel Mariæ verheizen. Wahtaerinne zween do wandeliern, wize swestern vf slaflos waht. Smerzen sie smeln leide linderend: in zwolf manden wol dries hvndert. Triuwe thane des bets sin die beiden, wahzam haltend die waht vor Horne.
Uf wahzam waht gehœrte sie komen die wahtærinne den wolgemuoten man unde stant alzehant uf halz gehuellet un tat ihme wit uf daz tor. Un sieh, eins bliczen schuz vart iezunt dur Irelants westere wolkentruebe. Groz vorht sie da hett daz GOt der Rechære kunt ustilgen wellen mit wazzer die menscheit all obe ir schantliche suenten. Cristi holz sluoc sie uf ir brust bein un zoh ihn hereine daz schirm er hett unde ir obedah. Un werdecliche betrat ir willeheit wissend der man alsan Hornes hus.

Da jr oug aber sahe dye swartzhyt synes gewandt erzückt sie vyl sorgen. Doch baldes frohe war dye eben noch forhtlich gewest. Er vragt sye nu obe doctor O'Hare wol künde gesandt von wytem gestatt un kumberlich siufzend tät sye beschit ym daz doctor O'Hare sye in hymmeln. Untroestelych schyer vernam der man dys wort welchez so michel daz herze ym druhte in mylte. Allez beriht sye ym do un kleite gar sere yrs friundes tot also junc noch obe es schon yr gar widersteh an GOts gereht wysheit ze zwyfeln. Sie sprach es sye beschyden gewest ym ein schoene süez tot dur Syn GOtliche guote unt ein messpryester ouch daz er yn los sprech un das heilec abentezzen un dez sychen oleiunge dar zu. Do vraget reht ernestlyche der man dye nunne swez tots daz der tote gestorben un dye nunne tæt antwort yme un sprach daz er sye gestorben dur lypkrebez uf Mona Eilant un wærenz drye jar nu an dere unschuldic kintlyn fest komend un vleht sye uf zu GOt dem Albarmære daz moht doch ze Yme nemen dye tiure sel in Syn untodekeit. Er aber gehörte sye sprechen dye truebe wort un sahe niderwert of syn huot dene trueblyche gehaltene. Also stunden sye beide ein nu noch aldort in verzwyvel un traureten stumb myt ein.

Darumbe, dan, iewelichman, gedenke des ends

welches da ißt dein tott un der stoub der keins menschen schonet so geborn ißt vom weibe dann als er nacket komen ißt von seiner mutterleibe also nacket wirt er wider da hin faren.
Der man der komen war in das hauß sprach nû mit der amme und vrâget er sie wie daz es stuͤnd umbe das wîp das im kintsbet lâg aldâ. Und antwort die amme ihme und sprâch daz enes wîp in den wêwen laͤg volle drî tac schon und daz es wuͤrd ein gar schwêre geburt vilnâch niht zu erdûren doch uͤber ein kleines seie ir stund iêzent dâ. Und sprâch sie noch daz gar vil geburt sie haͤtt êr gesehen von vrauwen doch niemer keine so schwêr sei gewest als diser vrauwe geburt. Dâr auf berihtet sie ihm was alles ir widervarn sident daz sie inouwe haͤtt in dis hauß. Der man lusteret sêr auf ir wort und warde vol wunders inne der wêtât der wîp in ir kintsnôt so sie habent von ir muoterheit und er verwundert sich ûz die mâzen dâ iezent er sahe ir angesiht das ein junc agesiht war als iedec man sên kunt und sahe daz sie idoch ein magedîn geblîben nach sô lange jâr.

Denn sie waren scholaeren, gar ser gewitzd vnd verstendig. Vnd er hörte sie rechten mittenand vnd reden vonn geburd vnd gerechtekeit vnd jung Madden lies sich vernemen das es wann es denn angieng doch ein schwer dinc were das die vrawe sullt sterven (denn also war es geschehn fvr einige jar einer vrawen aus Eblana im hause Hornes, welche nun hingangen was auß diser welld, vnd inn der selbigen nacht noch fvr jrm tot hatten all erzte vnd apoteker rates gevlogen vber jrm fall). Vnd des weitern sagten sie das sie wol hett am leben bleiben sullen denn im anfange sagten sie in schmertzen sulle das weip gebern vnd es stimten gar alle zu so eines gedanckens damitt waren vnd sagten es hett jung Madden ware gesprochen denn schweer noch lag es jm auff dem gewissen das er sie hett müßen sterven laßen. Vnd nicht wenige vnd vonn disen einer war jung Lynch zweiffleten sere vnd sagten es seie die welld jetzund recht übel regieret so schlecht als sies nimmer gewest ob schon das gemeine volck anders gleube doch könten nicht recht noch richter dem fvglich weren. So gebe denn abhülff GOtt. Doch war dis kawme gesprochen da schrieen sie all im verein vnd sprachen Nein, bis vnser Jungvrawen Mutter, das weip sullt leben vnd das kintbarn sterven. Dar ob erhitzeten sie sich gar sere vnd wurden heißen hawpts, die einen vom streitte die andern aber vom trunck, doch der freisaß Lenehan war alleweg eilents zur handt jnen ale ein zu schencken eim jeglichen sein mas auff das sie zum mindest der frewde nicht möchten ermanglen. Dann erzelte jung Madden jn allen die gantze geschicht vnd da er berichtet wie sie gestorben vnd wie umb der heilingen religion willen nach pilgrims vnd bittbruders rat vnd weil er ein gelüppde getan dem Heilingen Ultan vonn Arbraccan jr guter Ehgemal nicht wullt zu laßen das sie sterb vnd sich dreine vinden da wurden sie alle dar ob gewalltig des kumbers vol. Jnen aber antwort jung Stephen vnd sprach dise wort, Gar offtmal, jr herren, murret das lajenvolck. Beide das kint vnd sein mutter verherlichen nvn jren Schöpffer, das ein im limbus dunckel, die ander im fegfewr. Doch was, umbe himels willen, ist mitt jenen gottmüglichen selen welche allnächtlich wir unmüglich machen vnd zunichte, was da ist die sünnde wider den Heilingen Geist, den Waren Gott, den Herrn vnd Stiffter des Lebens? Denn warlich, herren, sprach er, kurtz nvr ist unser lust. Wir sind ein mittel nur zu jenen kleinen geschöpffen jn vns drinnen vnd ander zil vnd ende hat die natur denn wir. Da sprach Dixon der jüngere zu Punch Costello vnd fragte ihn ob er wol wisse welch zil vnd ende. Doch jener hett aus der massen getruncken vnd kunt kein besser wort von jm gewonnen werden denn das er wulle ein jeglich weip enteren wer sie auch seie ob vraw oder mägdlein oder hübscherinn so es jm nur zum heile gereiche vnd er künne ledich werden seines gar hitzigen dranges. Wor auff nun Crotthers vonn Alba Longa des jung Malachi lobliet sang auff jenes wundersam tier den Einhürne wie dersellbe ein mal nur in ein tawsent jar kome mitt seinem horn vnd der weilen stichleten die andern all mitt jren spötlichen reden womitte sie jm übel wullten vnd bezeugeten alle vnd eininge bei des heilingen Futtius werckzeug das ers im stande sei auff jeglich art zu treiben so nur in eins mannes krafft stende. Dar auff lacheten sie alle recht hertzlich, nur nicht jung Stephen vnd Sir Leopold welcher nimer so lawthalz zu lachen wagete aus dem grunt einer seltzanen grille welche er niemandem wullt entdecken vnd insgleichen auch weil jn die vrawe barmte so dort gebahr wer imer sie sein mocht vnd wo sie auch ruhte. Dann sprach jung Stephen gar hochmütiglich vonn der mutter Kirche welche jn würd aus jrem schose reisen vnd vonn dem Cannonischen Recht vnd vonn Lilith, der schuzherrinn der Abgeng, von dickem leibe so bewürcket werd von wint aus samen von klarheit oder von der macht der vampirn munt zu munt oder, als Virgilius saget, durch den Einflus des sonundergangs oder durch den dufft der mont blume oder so sie lieget bei einer vrawen bei welcher ihr man erst hat gelegen, *effectu secuto,* oder leichte auch in jrm batt nach der meinung vonn Averroes vnd Moses Maimonides. Er saget auch wie am end des zwoten monts eine menschliche sele würd ein geblasen vnd wie in allem vnser heilinge mutter die selen umbfengt ewiglich zu Gotts höherem rume werend jene vleisches mutter welche nichts seie denn ein geberend tier vnd müß tierisch austreiben sterven sullt nach dem Canon denn also spricht der da treget des vischers sigel, der heilinge Petrus auff welchen feltz gebawet war die heilinge kirche fvr all zeit. Vnd es fragten der baccalaurei alle alsdann Sir Leopold ob er in ehnlichem falle wol würd die vrawe so geringe achten das er leben sullt wagen umb leben zu retten. Vonn fvrsichtigem sin wullt er antwort stehen so allen geviele vnd so tat er die hant an die wang vnd sagte mitt arglist als seine gewonheit war, das wol, so weit er, welcher die kuntz der erzet allzeit geliebet, so ser als ein laje es nur vermöcht, seie vnderichtet, vnd so weit seine kenntnis eines so seltenen falls möcht reichen, es jewerderhalben gut wer fvr die Mutter Kirche, bekeme sie doch auff ein schlag jr scherfflein fur tot als geburd vnd auff solch weis endwant er sich klüglich jrn fragen.

Hierauff schlug Punch Costello ein gross lermen auff den tisch mit seiner fawst vnd woltt ein vnfletigen runtreim beginen der *Staboo Stabella* hies vnd handlet von einer hur so in schlimm vmbstend gebracht war von einem luffthans vnd sebelrassler in Deudschlant vnd er tet solche wortt furgeben: *Die ersten drey mond war yhr nit wol, Staboo,* wann hier schwester Quigley von der ture vnmutig ruhe heischte vnd yhr solltet ewch schemen vnd zimbde sich solches nit als sie vermant dann es stand yhr der sinn dar nach das alls seine ortnung hab wenn Lord Andrew keme vnd kein heslich getumbel die ere verkurtz yhrer wachd. Sie war eine alde vnd trawrige matron von pinklichtem eusseren vnd Christlichem wanndel vnd trug ein dunckel kleit passent zu yhrm schweren mut vnd schrumblichtem angesicht vnd es vorfelt yhr manen auch nit sein würckung denn ohne vorzuglich war Punch Costello von yhn allen geschimbffet vnd gescholtten vnd teten sie einred dem pflegel mit artiger gropheit mannche vnd andre mit heuchelischem drewen vnd schaltten alle mit ihm das die pest soltt den dörper holen, was zum teuffel yhm ein fiele, dem gropsack, so eine spet geburd von einem schwechling, dich hat man wol im erpsenstroh gehecket, du luderjan, du schweins gekreuse, du rebellengezichd, du tümbelratz, du verschimblete felgeburd du, vnd er soltt doch blos sein sauff maul haltten, sonst vlög er hie raus, der gotts affe, saprament, vnd auch der gut Sir Leopold welcher da hett die blume der ruh zum abzeichen, die Mayoram zardt, tet yhnen alln anmanen wie doch die gegenwerttige stund wer eine höchst heilige vnd höchst würdig geheiliget auch zu werden. Ruhe soltt regiment han im hause Hornes.

Doch ward des jungen Prahlhansens forcht versiegt von des Besenfftigers worten? Nein, denn er hett im busen eine stachel die hieß Bitterkeit und solche wolt sich nicht lassen wegthun durch worte. Und ward er denn weder Ruhig nun wie der eine noch Gottsförchtig wie der ander? Er ward es beids nicht so gerne ers auch geworden. Aber hett er sich nicht könen mühen das fleschgen Gottsforcht wieder zu finden welches er in Jugend besessen daß er darmit lebe? Nein, dieß vermucht er nicht denn er hett der Gnade nicht mehr dieß fleschgen zu finden. Höret er denn in deme Krachen des Gotts Allschaffe stimm oder nur, als der Besenfftiger gesprochen, ein lermen Phaenomeni? Hörete er? Ei, kunts ja nicht überhören er hett denn das rohr Verstehn sich verstopffet (was er indessen nicht gethan). Denn durch dieß rohr sahe er daß er im lande Phaenomeni war allwo er würd absterben müssen auff einen gewissen tag indeme auch er in alls vergenglich war und nur ein Gleichniß. Und wolt er denn nicht annehmen den Todt als die andern und darhin gehen? Auff nie keine umbstend wolt er dieß thun noch wolt furder mehr Gleichniße machen nach weise wie menner thun mit weibern was hat geheißen sie Phaenomenum durch das buch Gesetz. Dann wußt er auch nichts wol von dem andern Land welches da heißet Glaube-an-mich und ist das Land der verheißung und eigent dem könige Freudenreich und sol bestehn ewiglich da nicht mehr ist todt noch geburt und nicht weibthumb noch mutterschafft und dahin alle soln kummen so dar an glauben? Ja, Fromm hett ihm gemeldt von dießem land und Keusch den weg ihm gewießen doch unter weges gesellet sich ihm ein gewisse metz von wol gefelligem eußern und ihr name, so sprach sie, ist Spatz-in-der-Hand und lockete ihn auff falsche wege vom rechten pfad durch ihre schmeichelreden die sie von sich ließ indeme sie sprach, Ei du schöner mann, wende dich zu mir und ich will dir ein gar trefflich pletzgen zeigen und sie ließ nicht von ihm mit ihrem schmeicheln biß daß sie ihn in ihrer grotten hett die da heißt Zween-im-Busch oder, bey etlichen gelehrten, Fleischliche Begierde.

Dieß aber wars wornach es die gantze kumpaney die dort versammlet saß im Hause der Mütter am meißten gelüstet und weren sie dießer metz Spatz-in-der-Hand vorkummen (welche war in ihrem innern alle schlimm pestilenzen und ungeheur und ein böser teuffel) sie hetten das letzte dar angesetzt einzukehren bey ihr und sie zu erkennen. Denn was Glaube-an-mich angieng so sagten sie es sey dieß nichts anders dann ein tönewort und wüßten sie keinen gedancken darvon zu gewinnen denn erstens sey Zwei-im-Busch darhin jene sie gelocket die allerliebste grotten und weren darinne vier kissen die hetten ein jedes ein schildgen und stünden darauff dieße wort: Huckepack und Oberst-zu-Unterst und Scham-zu-Gesicht und Wange-an-Backe und was zweytens die schlimm pestilenzen Syphilim angienge und die ungeheur so breuchten sie ihnen kein acht zu geben denn es hett ihnen Praeservativum ein starcken schutz und schirm darwider gegeben von ochsendarm und drittens auch könten sie nimmer in schaden kummen durch Nachkumbschafft was ist jener böße teuffel vermüge deß selbigen schirmes der heiß Tödtekind. Also saßen sie alle in ihrer blinden phantasey, der Herr Krittle Frisch und der Herr Manchmal Gottsförchtig, der Herr Nacheffer Sauffauß, der Herr Freisaß

Falsch, der Herr Geck Dixon, Jung Prahlhans und der Herr Fürsichtige Besenfftiger. Darinnen aber, ihr schlimme kumpaney, helt euch alle der irrthumb denn jenes war die stimm des gotts der da war in erschrecklicher wuth also daß er gar leichte hett mügen den arm heben alsbald und ihre seelen verstreuen umb deß mißbrauchs willen und der verstreuung ihres samens welches sie seinem worte zuwider gethan das ihn bestimmet der Fruchtbarkeit und der Mehrung.

Unsere würdige Bekanntschaft, Mr. Malachi Mulligan, erschien jetzt, da die Studenten mit ihrem Apolog zu Ende kamen, in der Thür, begleitet von einem Freunde, mit dem er just eben zusammengetroffen war, einem jungen Herrn, Alec Bannon mit Namen, welcher jüngst in die Stadt gekommen war und sich mit der Absicht trug, sich ein Fähnlein oder den Kornettsrang bey der Miliz einzukaufen und in das Feld zu rücken. Mr. Mulligan war höflich genug, sein Wohlgefallen an all dem zum Ausdruck zu bringen, umb so mehr als es zu einem Plane paßte, den er selber im Sinne trug, eben jenem Übel zu steuren, von welchem die Rede gegangen war. Worauff hin er nun der gantzen Gesellschaft einen Satz Pappedeckel herumb reichte, welche er sich just dießen Tag bei

Mr. Quinnell hatte drucken lassen und auff denen in schöner Schrägschrift zu lesen war: *Mr. Malachi Mulligan, Befruchter und Außbrüter, Lambay Island.* Sein Plan, so hob er nun an zu erläutern, gienge dahin, den eitlen Vergnügungen Valet zu geben, wie sie die Hauptbeschäfftigung von Sir Dummbatsch Geckerich und Sir Geilhans Nasweis in der Stadt seyen, und sich der nobelsten Auffgabe zu widmen, zu welcher unser körperlicher Organismus geschaffen sey. Ei, so laßt uns hören, mein wackerer Freund, sagte Mr. Dixon. Ich zweiffle nicht, daß es nach Hurerei schmecket. Kommt, setzt euch, beide. Das Sitzen ist grad so wohlfeil als das Stehen. Mr. Mulligan nahm die Einladung an, und indem er sich nun recht weitläufig über seinen Plan aus ließ, erzählte er seinem publico, daß er auff dießen Gedancken durch eine Überlegung gebracht sey worden, welche Ursachen wol die Unfruchtbarkeit möchte haben, die inhibitorische so wol als die prohibitorische, nämblich ob die erstere als solche auff eheliche Entzweyung oder Kargheit der Harmonie zurückzuführen sey wie auch ob die letztere sich auß angeborenen Mängeln oder erworbenen Neigungen herleite. Es habe ihm ungemeinen Kumber bereitet, sagte er, das eheliche Beylager umb seine theuersten Pfänder betrogen zu sehen: und der

Gedancke an so viele aimable Weiblichkeiten mit reichem Leibgedinge, daß sie eine Beute würden der widerwärtigsten Bonzen und müßten in einem widernatürlichen Kloster ihren Flambeau unter den Scheffel stellen oder verlören das Blümelein ihrer Fraulichkeit in den Umarmungen irgend eines unverantwortlichen Roués, wo sie doch leichte die Zugäng zur Glückseeligkeit könnten mehren, indem sie das unschätzbare Kleinod ihres Geschlechtes zum Opffer brächten, wo gewiß hundert brave Burschen bereit stünden, dasselbe zu caressiren, dieser Gedancke, so versicherte er ihnen, wolle ihm schier das Herz zerreißen. Umb nun dießem Übelstande zu begegnen (welchen er entschieden auff die Unterdrückung latenter Hitze zurückführte), habe er gewisse Rathgeber von Verdienst befragt, die Sache genauer Prüfung unterworffen und endlich resolviret, als Allodium auff ewig den Freisitz Lambay Island von seinem Eigner zu kauffen, Lord Talbot de Malahide, einem Tory-Gentleman, der bey unserer gegenwärtigen Mehrheitspartey nicht allzu hoch in Gunsten stehe. Dort wolle er, so hab er sich vorgesetzt, ein nationales Befruchtungs-Gestüt errichten, welches *Omphalos* heißen und zum Wahrzeichen einen Obelisken erhalten solle, gemeißelt und errichtet nach der Art Egyptens, und hier wolle er unterthänigst seine guten Freisassendienste anbieten und Sorge tragen für die Befruchtung eines jeglichen weiblichen Wesens, gleich welchen Lebensstandes, das mit dem Wunsche an ihn heranträt, das Bedürffniß ihrer natürlichen Funktion zu erfüllen. Geld spiele keine Rolle, sagte er, noch gedencke er auch nur einen Penny für seine Mühewaltung zu nehmen. Die ärmste Küchenmagd nicht minder denn die im Überflusse lebende *dame à la mode* würde, soferne ihr Körperbau nur darnach wäre und ihr Temperament ein warmer Fürsprech ihres Bittgesuchs, in ihm ihren Mann finden. Was seine Alimentation angienge, so legte er dar, daß er sich außschließlich von einer Diät auß schmackhafften Knollen sowie von Fisch und Kaninchen dort ernähren werde, da gerade das Fleisch dießer letzteren sehr zeugungsfreudigen Nagetiere sich für seinen Zweck höchlichst empfehle, gleicher Maßen geröstet als geschmort, mit einem Spelzlein Muskat und ein oder zwey Schoten spanischen Pfeffers. Nach dießer erbaulichen Ansprache, welche er mit viel Wärme und betheuerndem Ernst gehalten, zog Mr. Mulligan in einem Nu von seinem Hute ein Schnubfftuch, mit dem er ihn geschirmt hatte. Die beiden waren, wie es scheint, vom Regen überrascht worden und hatten ohngeachtet raschen Außschreitens Wasser gezogen, wie man an des Mr. Mulligans Beinkleidern bemercken konnte, deren grobes Tuch aus grauer ungefärbter Wolle itzt leicht scheckicht geworden war. Sein Anschlag wurde derweil von seinem Publico sehr günstig auffgenommen und empfieng allenthalben herzliche Lobsprüche, obschon Mr. Dixon von St. Mary hievon abstand, indem er mit affektirter Miene fragete, ob er auch die Absicht hege, Kohlen nach Newcastle zu tragen. Mr. Mulligan jedoch hofirte die gelehrte Welt mit einem passenden Zitat auß den Alten, welches ihm, da es ihm im Gedächtniß geblieben, als gesunde und geschmackvolle Stütze der Streitsach erschien: *Talis ac tanta depravatio huius seculi, O quirites, ut matres familiarum nostræ lascivas cujuslibet semiviri libici titillationes testibus ponderosis atque excelsis erectionibus centurionum Romanorum magnopere anteponunt:* während er für diejenigen, die roheren Witzes waren, seinen Punkt mit Analogien auß dem Thierreiche zu Ende brachte, welche ihrem Magen zuthunlicher waren, als da sind der Bock und die Hindin auff der Waldlichtung, der Enterich auf dem Bauernhofe und die Ente.

Doch Malachias' Erzählung begann sie mit kaltem Grausen zu erfüllen. Er beschwor die Szene vor ihnen herauf. Die geheime Tür in der Täfelung neben dem Kamin glitt zurück, und in der Mauerhöhlung erschien . . . Haines! Wem von uns lief es da nicht eiskalt über den Rücken? Er hatte in der einen Hand ein Portfolio mit keltischer Literatur, in der anderen aber eine Phiole, auf welcher das Wort *Gift* zu lesen stand. Überraschung, Grausen, Ekel malten sich auf allen Gesichtern, indessen er sie mit einem gräßlichen Grinsen betrachtete. Ich sah einen solchen Empfang voraus, begann er mit schauerlichem Lachen, für welches, so scheint es, der Geschichte die Schuld zu geben ist. Ja, es ist wahr. Ich bin der Mörder von Samuel Childs. Und welche Strafe ist mir geworden! Das Inferno hat keine Schrecken mehr für mich. Davon mag meine Erscheinung wohl künden. Donner und Ewigkeit, wie soll ich überhaupt wohl Ruhe finden, murmelte er dumpf, wo ich die ganze Zeit durch Dublin wandere mit meinen lumpigen paar Liedern und er hinter mir her ist wie ein Gespenst oder ein Nachtmahr? Meine Hölle und die Irlands liegt in diesem Leben. Wie habe ich nicht versucht, das Verbrechen in mir zu tilgen! Zerstreuungen, Saatkrähenschießen, die ersische Sprache (er zitierte ein weniges davon), Laudanum (er hob die Phiole an seine Lippen), Wohnen unter freiem Himmel.

Vergebens! Sein Geist umschleicht mich. Nur im Rausch noch finde ich Hoffen ... Ah! Vernichtung! Der schwarze Panther! Mit einem Schrei war er jäh wieder verschwunden, und die Täfelung glitt an ihre Stelle zurück. Einen Augenblick später erschien sein Kopf in der Thür gegenüber und sagte: Trefft mich am Bahnhof Westland Row um zehn nach elf. Fort war er! Tränen stürzten aus den Augen der ausschweifenden Gesellschaft. Der Seher hob die Hand zum Himmel und murmelte: Die Vendetta Mananaans! Der Weise wiederholte *Lex talionis*. Ein Sentimentaler ist, wer genießen möchte, ohne die ungeheure Schuldnerschaft für etwas Getanes auf sich zu nehmen. Malachias, von Rührung übermannt, verstummte. Das Geheimnis war entschleiert. Haines war der dritte Bruder. Sein wirklicher Name war Childs. Der schwarze Panther war selber der Geist seines eigenen Vaters. Er trank Drogen, um auszulöschen. Für die Erleichtrung Dank. Das einsame Haus am Kirchhof ist unbewohnt. Keine Seele will dort leben. Die Spinne spannt ihr Netz in der Einsamkeit. Die nächtliche Ratte lugt aus ihrem Loch. Ein Fluch ruht darauf. Es ist ein Spukhaus. Mördergrund.

Die Luft draußen ist geschwängert von regentauiger Feuchte, celester Lebensessenz, glitzernd auf Dubliner Stein dort unter sternschimmerndem *coelum*. Gottes Luft, des Allvaters Luft, funkensprühende umhüllende nachgiebliche Luft. Atme sie tief in dich hinein. Beim Himmel, Theodore Purefoy, du hast eine tapfere Tat getan und keine Pfuscherarbeit! Du bist, das schwöre ich feierlich, der denkwürdigste Progenitor, keinen ausgenommen, in dieser geschwätzigen, allumfassenden, mischmaschigen Chronik. Erstaunlich! In ihr, deinem Weibe, lag eine Gottgeformte, Gottgegebene, vorgestaltete Möglichkeit, welche du befruchtest hast durch dein Weniges von Männerwerk. Hange nur treu an ihr! Diene! Mühe dich weiter, placke dich ab wie ein veritabler Kettenhund und laß die Gelehrsamkeit und alle Malthusiasten zum Henker gehen. Du bist ihrer aller Papa, Theodore. Brichst du zusammen unter deiner Last, da dich die Metzgerrechnungen plagen zu Hause und die Goldbarren (nicht deine!) liegen im Kontor? Kopf hoch! Für jedes Neugezeugte sollst du deinen Chomer reifen Weizens ernten. Sieh, dein Vlies ist betaut. Beneidest du Darby Dullman dort mit seiner Joan? Ein schwatzender Häher und ein triefäugiger Köter sind all ihre Nachkommenschaft. Pah, laß dir sagen! Er ist ein

Maulesel, ein toter Bauchfüßer, ohne Kraft und Ausdauer, keinen lumpigen Kreuzer wert. (...) Gib ihr Beefsteaks, rot, roh, blutend! Sie ist ein altersgraues Pandämonium von Krankheiten, vergrößerte Drüsen, Mumps, Halsbräune, Fußballenentzündung, Heufieber, Liegewundstellen, Hautschwamm, Wanderniere, Derbyshire-Hals, Warzen, Gallenfieberanfälle, Gallensteine, kalte Füße, Krampfadern. Ach hör mir schon auf mit den Klageliedern und Dreißig Seelenmessen und Jeremiaden und der ganzen kongenitalen Totenmusik. Zwanzig Jahre davon, weine ihnen nicht nach. Bei dir war es nicht so wie bei vielen, die wollen und wohl auch würden und warten und tun's doch nie. Du sahest dein Amerika, deine Lebensaufgabe, und legtest dich ins Zeug als Bespringer wie der transpontinische Bison. Wie spricht Zarathustra? *Deine Kuh Trübsal melkest Du. Nun trinkst Du die süße Milch des Euters.* Sieh! Sie bricht hervor für dich im Überfluß. Trink, Mann, einen Euter voll! Muttermilch, Purefoy, die Milch des Menschenstammes, Milch auch der sprießenden Sterne droben, rotglühend in dünnem Regendunst, Punschmilch, wie sie die Aufrührer saufen bei ihren Zechgelagen, Milch des Wahnsinns, die Honigmilch vom Lande Kanaan. Deiner Kuh Zitze war zähe, was? Ja, aber ihre

Milch ist heiß und süß und fettmachend. Kein bloßes Geklump, sondern dicke reiche Buttermilch. Auf ihr Wohl denn, alter Patriarch! Pepp! *Per deam Partulam et Pertundam nunc est bibendum!* Alle los zu 'ner Saufpartie, Arm in Arm, hollernd die Straße runter. (. . .) He, kiekt doch mal, der besoffene Pastor, der da aus dem Mütterjenesungsheim rauskommt! *Benedicat vos omnipotens Deus, Pater et Filius.* Kleine milde Gabe, Mister. Die Bengels von der Denzille Lane. Hölle noch eens, verdammtes Gesocks! Haut ab, Kerls! (. . .) Komm' Se mit, Verehrtester? Aber woher denn aufdringlich, im Leben nich. (. . .) *En avant, mes enfants!* Feuer frei, Nummer eins an die Kanone. Burke! Von dort nun zogen sie weiter, fünf Parasangen. Slatterys berittene Infanterie, wo steckt der verdammte Schreiberling? Pastor Steve, apostatisches Credo! Nee, nee. Mulligan! Nach achtern da! Mach mal 'n bißchen dalli. Behalt die Uhr im Auge. Gleich wird zugemacht, Rausschmißzeit. Mulliii! Was ist mit dir? *Ma mère m'a mariée.* Britische B-Attitüden! *Ratamplan Digidi Bumm Bumm.* (. . .) Leg mal 'n kleinen Zahn vor. 'chtung! Weiter zur nächsten Kantine und da alle Schnapsvorräte beschlagnahmen. Marsch! Links, links, die Jungs sind (Haltung!) am Verdursten. Bier, Beefsteak, Business, Bibeln, Bulldoggen,

Ballerschiffe, Bäderastie und Bischöfe. Ob an dem Gahahalgen hoch. Bierbeef linkst die Bibeln. Für Ihirland, lieb Vahahaterland. Linkst die Linkser. Donnerschlachnochmal! Wollt ihr wohl Schritt halten, Kerls, schön millitärisch! Wir fahallen. (. . .) Halt! Beidrehen. Rugby. Immer rin ins Gewimmel. Nicht auf Touch kicken. Aua, det ging aufs Schienbeenchen! Wehgetan? Tut mir ganz schrecklich leid!
Frage. Wer schmeißt die erste hier? Stolzer Besitzer von Cassablanca. Total pleite. Abgebrannt bis auf die Knochen. Nischt wie Löcher in'n Taschen. Keinen roten Heller eingesackt die ganze Woche. Und Sie? Met unsrer Väter für den Übermenschen. Dito. Fünfmal Nummer Eins. Sie, Sir? Ginger Cordial. Also mich laust der Affe, die Kutscherbrühe! Regt das Herz an. Muß seine Ticktack aufziehn. Blieb auf einmal einfach stehn, wollte nicht mehr weitergehn. (. . .) Hat doch mal 'n Pektoraltrauma gehabt, was, Dix? Stimmt genau. Wette, 's war 'ne Broomelhoommel, wie er in seinem Schrebergarten saß und am pennen war. Wohnt nicht weit vom Mater. Geht auch im süßen Joch der Ehe. Kennste seine Holde? Jau, klar doch, det tu ick. Janz flottet Pflänzken. Hab sie mal im Näcklischee jesehn. Also da kommt janz schön wat raus, wenn die Pelle runter jeht. Dolles

Weibsen. Nich eene von diesen mageren Kühen, keene Spur nich. (. . .) Also wenn die einen ankiekt, bleibt einem die Spucke wech, garantiert. Und dann ihr Briefkasten vorne erst und ihr Ah schau mal an. Muß man jesehn haben, sonst glaubt mans nich. (. . .) Na, Dokterchen? Zurück aus Schossland? Sind Euer Merkwürden auch jut beisamm'? Wat macht denn die Squaw so und die Papusen? Hat die Frau das Wochenbettchen schon hinter sich? Stehn bleiben und her mit dem Früchtchen! Die Losung. Holz vor der Tür. Jaja, so gehts uns, der weiße Tod und die rötliche Geburt. Hihi! Spuck dir doch selbst aufs Auge, Meester. Telegramm vom Komödianten. Alles von Meredith jeklaut. Jesufizierter orchisierter polyzimischer Jesuit. Tantchen mein schreibt an Papa Kinch. Bösewicht Stephen hat Gutwichtchen Malachi auf Abwege gebracht.
Hurraha! Fang den Ball, Kleener. Dann mal rum mit dem Schaum. Hier, Jock, braver Hochlender, kommt deine Gerstenbrühe. Lang soll dein Schornstein rauchen und dein Kohlpott kochen! Meine Molle. *Merci.* Hier, das ist für uns. (. . .) Gib mir mal 'n Schuß Pfeffer rüber, du da. Fang's auf. Täglich Kümmel, strammer Pimmel. Kapiert? Schreie des Schweigens. Jeder 'ne Molle auf seine Olle. Venus Pandämos. *Les petites femmes.*

Freches schlimmes Mädchen aus der Stadt Mullingar. Erzähl ihr mal, daß ich nach ihr gefragt hab. Packt die Sara bei der Wamme. Auf der Straße nach Malahide. Was, ich? Wenn sie, die mich verführt, mir nur nichts außer ihrem Namen gelassen. Was willste denn für neun Pence? (. . .) Ne hübsche Mollje für 'n Matratzenwalzer. Und jetzt alle einen druff. *Ex!*

Ick säi di, Jung. Bantam, zwo Tage alkoheilfro. Säuft nischt wie billigen Rotwein. Ab durch die Mitte! Hier, kuckmal, kuck doch mal her. Kruzitürken, ich schlag doch lang hin. Und zum Frisör ist er auch gewesen. Zu voll zum sprechen. Mit 'nem Kerl von der Eisenbahn. Wie kommste da denn zu? Ne Oper, die ihm gleicht? *Rose of Castille*. Rows of cast. Polizei! Bißchen H_2O für 'nen Herrn, dem die Sinne schwinden. Kuck doch mal Bantam seine Blümchen. Ach herrjemineh, der fängt gleich an zu hollern. O Colleen Bawn, mein schickes Miezchen. Mensch, halt doch die Klappe! Hau dem Kerl mal die Schluckluke zu, aber feste.

edition suhrkamp. Neue Folge